HENRI-PH. D'ORLÉANS

A MADAGASCAR

PARIS

CALMANN LÉVY, ÉDITEUR

RUE AUBER, 3, ET BOULEVARD DES ITALIENS, 15

A LA LIBRAIRIE NOUVELLE

1895

A MADAGASCAR

CALMANN LEVY, ÉDITEUR

———

DU MÊME AUTEUR

AUTOUR DU TONKIN . . . . 1 vol.

SIX MOIS AUX INDES. . . . . 1 vol.

UNE EXCURSION EN INDO-CHINE. . . . . broch.

DE PARIS AU TONKIN PAR TERRE. . . . . broch.

———

PARIS. — IMPRIMERIE CHAIX. — 20086-10-94. — (Encre Lorilleux).

A MADAGASCAR

PAR

HENRI-PH. D'ORLÉANS

PARIS

CALMANN LÉVY, ÉDITEUR

ANCIENNE MAISON MICHEL LÉVY FRÈRES

3, RUE AUBER, 3

—

1895

A MADAGASCAR

I

Deux mois de voyage à travers Madagascar, de la côte orientale à la côte occidentale, m'ont laissé successivement trois impressions bien distinctes.

En débarquant à Tamatave, la sensation des tropiques : une bande de terre plate, zone humide et chaude à la fois, tour à tour arrosée par des pluies fréquentes, ou fécondée par les rayons d'un soleil ardent ; une serre naturelle, dont l'atmosphère se trouve toute préparée pour certaines plantes avides d'eau ou de soleil, telles que la canne à sucre, la vanille, le giroflier, le cacaoyer, mais dont l'humus n'est peut-être pas en couches suffisamment profondes pour des cultures de longue durée, comme le café ou le thé.

Quand on longe la côte, ainsi que nous l'avons fait plusieurs jours, on est frappé de l'abondance des arbres fruitiers, des essences utiles qui se serrent, au caprice de la nature, sur le sable du littoral et qui viennent mouiller leurs racines aux volutes d'une mer creusée sur des récifs de coraux. Palmiers de toutes sortes, citronniers, manguiers, calebas-siers, tendent au voyageur leurs branches chargées de fruits.

L'aspect est enchanteur. Il ne saurait tromper celui qui a déjà parcouru des régions semblables. Derrière les fruits délicieux, sous les frais ombrages, dans les racines mêmes, auprès des rivières, sur les bords des étangs, partout se cache le terrible poison, qu'inévi-tablement seront forcés d'absorber les Euro-péens séjournant sur la côte : la fièvre.

Tous devront lutter contre la maladie; la plupart s'affaibliront dans le combat, beau-coup y laisseront leur santé, quelques-uns la vie; bien rares ceux qui ne perdront rien à la bataille.

Je ne veux pas être trop pessimiste : je m'empresse de dire que de vieux colons vivent à la côte, que certains y travaillent depuis quarante ans. Ceux-là se sont familiarisés au climat, et n'en souffrent plus ; ils sont devenus *quininomanes,* qu'on me passe le mot.

J'ajouterai que la fièvre est moins dangereuse à Madagascar que dans telle autre de nos colonies, qu'ici l'on voit rarement l'accès pernicieux emportant le malade en quelques heures : que la Cochinchine, par exemple, qui compte un certain nombre de vieux colons, me paraît plus malsaine que la côte de Madagascar.

Dès que l'on quitte le littoral pour pénétrer dans l'intérieur, le paysage change entièrement. Au delà d'une région de forêts difficilement praticables, qui s'étendent sur les coteaux et se développent sur le pourtour presque entier de l'île, comme une ceinture d'une vingtaine de kilomètres, on trouve le plateau central. L'altitude moyenne est ici de 1.000 à 1.200 mètres. Les saisons sont bien marquées. Plus de ces pluies torrentielles qui, sur la côte, tombaient tous les quarts d'heure pour cesser subitement au bout de quelques minutes. Nous sommes en juin; c'est la saison sèche; le thermomètre descend la nuit à 4 degrés, pour monter le jour à 20. On se sent vivre, l'appétit est excellent. Nous faisons volontiers la route à pied, et je suis tenté d'oublier que nous sommes par le 17e degré de latitude sud.

Si le climat séduit le nouvel arrivant, il n'en est pas de même du pays. Pour se rendre un compte exact de ce qu'on éprouve en pénétrant sur le plateau central, il faut se rappeler les impressions ressenties sur la côte et, pour chacune, prendre l'impression contraire. A une ou deux journées au delà de la forêt, plus de bois, à peine quelques boqueteaux rares; un sol rouge, dur, et qui paraît aride; une contrée que, par une sorte d'euphémisme, on a nommée plateau, et qui, en réalité, à très peu d'exceptions près, est partout montueuse; pas d'habitants, pas de villages, peu d'animaux. On se croirait transporté dans un paysage lunaire, dans une nouvelle Terre de Désolation, bouleversée par des phénomènes géologiques récents, dans quelque chaos où les montagnes seraient amoncelées les unes derrière les autres sans direction, sans ordre, au hasard. Pas de ruines, qui impliqueraient l'idée du passé, mais le vide, le manque absolu de vie. La vie, par un décret de la nature, aurait été éloignée de ces régions désolées, pour se concentrer uniquement sur les zones côtières, loin des cataclysmes de l'intérieur.

Voilà la seconde sensation bien nette que j'ai eue dans mon excursion à Madagascar.

L'impression est mauvaise; elle se modifiera à mesure que nous nous enfoncerons dans le sud-ouest, c'est-à-dire vers le centre de l'île.

En effet, peu à peu l'aspect change, quelques villages se découvrent; ce sont de misérables réunions de cases en roseaux. Des troupeaux de bœufs paissent dans les herbages des collines. Puis, les villages s'élargissent; les cases grandissent, le roseau est remplacé par la terre, les habitations élevées d'un étage; à voir de loin se dresser ces constructions étroites, avec leurs toits à versants très inclinés, rouges, sur la terre rouge, on les croirait des produits naturels du sol, une cristallisation née lentement et sans autre concours que celui des éléments. Les marais s'utilisent et se transforment en rizières ; celles-ci, partant du fond des vallées, occupent les creux et montent en gradins jusqu'à mi-côte.

Plus loin, vers l'ouest, à une journée de la capitale, le pays se peuple d'une façon singulière ; de quelque côté qu'on tourne la tête, on aperçoit des habitations, isolées, ou par deux ou trois, groupées en hameaux ou formant de forts villages. Ici, les fonds des vallées seuls n'ont pas été attaqués par les hommes ; les coteaux sont partout retournés ; les flancs arrondis se divisent en champs régulièrement limités, donnant au tout l'aspect d'une carte géographique. On s'émerveille alors de voir quels admirables cultivateurs sont devenus les Hovas, placés sur un sol qui ne livre ses richesses qu'à un travail continu. Armés d'une simple bêche droite, ils défrichent, labourent, sarclent, laissant les mottes régulièrement rangées prendre pendant plusieurs mois le contact de l'air, l'ameublissant ensuite, pour tirer enfin ce qui est nécessaire à leur consommation de cette terre silico-argileuse, qui paraissait aride sur les bords du plateau et que des analyses de laboratoire ont déclarée incapable de produire.

Quelques jours passés à Tananarive, des conversations avec les Français qui ont séjourné pendant sept ou huit ans dans l'île, les renseignements donnés par les colons, les excursions faites aux environs, achèvent amplement de dissiper tout ce qu'avait de pessimiste l'impression éprouvée au sortir de la forêt.

« Méfiez-vous de la première impression », me disait à Mahé un colon ayant séjourné cinq ans à Madagascar ; il avait, je crois, raison. La dernière est la bonne. Pour moi, je quitte l'île, convaincu de la richesse et de l'avenir de son plateau central, c'est-à-dire d'une région plus grande que la moitié de la France et ne portant qu'à peine trois millions d'habitants.

Inutile d'insister ici sur la salubrité du climat ; quiconque en douterait n'aurait pour se convaincre qu'à se reporter aux tables météorologiques publiées par les missionnaires et aux rapports des médecins de l'escorte sur l'état sanitaire des hommes.

Abordons de suite le chapitre qui suscite le plus d'opinions divergentes parmi ceux qui se sont occupés de Madagascar ; celui des ressources agricoles.

Lorsqu'on vante la richesse d'un pays, on tient généralement à la disposition de ses auditeurs ou de ses lecteurs, des données exactes, des documents, des statistiques. Le public attend, de celui qui prétend l'instruire, des chiffres. Ce qui semble toujours un devoir paraît plus que jamais une nécessité quand il s'agit de Madagascar.

Nulle contrée n'est si peu ou du moins si mal connue; en aucune matière on ne rencontre tant d'avis différents, tant d'opinions diamétralement opposées, et, venant des gens les plus sérieux, tant de contradictions, qu'au sujet de l'île africaine. Et c'est là plus qu'ailleurs qu'il serait difficile d'appuyer une opinion sur des chiffres ou des documents officiels.

Les statistiques ne pourront être établies que lorsque Madagascar aura un gouvernement, c'est-à-dire lorsque les colons pourront travailler. D'ici là, l'opinion de chacun n'est faite que de choses vues, d'impressions personnelles, et des avis de ceux qui ont parcouru l'île, qui y ont habité longtemps.

Je n'y suis resté que deux mois, dont trois semaines hors du plateau central. Je ne crois pas néanmoins téméraire d'exprimer ici mon avis, quelque différent qu'il puisse être de celui de voyageurs aussi illustres que Grandidier. Les voyages que j'ai faits dans d'autres colonies m'ont permis d'établir certains points de comparaison. A Madagascar, d'ailleurs, plus que partout, la vérité m'a paru sauter aux yeux, claire, évidente, facile à saisir. Je suis sûr enfin de trouver un fidèle écho à mes paroles dans la majorité des Européens de l'île, depuis les étrangers jusqu'aux colons, aux fonctionnaires et aux missionnaires français.

Voici les pièces du débat : que le lecteur juge.

Suivant M. Grandidier, qui se rallie à l'opinion d'un créole de la Réunion, « la culture des plantes (dans la terre rouge de Madagascar) se réduit souvent à une véritable culture en pots dans laquelle le sol local, qui est si compact, ne joue guère que le rôle de vase ».

L'auteur ajoute qu'il a été particulièrement frappé de la stérilité du sol en voyant une route, créée et tassée par les soldats et la suite de la reine, rester au bout de trois ans vierge de végétation.

Au premier abord, il me semble qu'on ne peut conclure de ce qu'une graine jetée par le vent ne trouve pas de place pour ses racines dans un sol dur, serré, compact, que ce sol une fois retourné soit improductif.

Mais la meilleure réponse aux théories de M. Grandidier, il suffit pour la trouver de parcourir les environs de Tananarive. Qu'on visite notamment les jardins des Pères, à Ambonipou, « la Montagne aux cheveux sur le front », ainsi nommée ironiquement par les Hovas pour indiquer sa nudité. Les routes en sont si dures qu'été comme hiver on n'y connait jamais la moindre boue ; mais les terrains qu'elles parcourent, simplement remués et arrosés, à peine engraissés, produisent en abondance les ananas, les légumes d'Europe, les arbres fruitiers, la vigne, que sais-je ? Des berceaux de verdure, de superbes manguiers, dont la direction est laissée au gré de la nature, les bordent.

Mais les missionnaires ont leur établissement aux portes de la ville ; leur jardin, livré à la culture maraîchère, peut être l'objet de soins particuliers, n'occupant qu'une petite étendue ; les terrains proches d'une grande ville se trouvent, d'ailleurs, naturellement engraissés par les détritus qui s'accumulent à leur surface : voilà ce que ne manqueront pas de me répondre les gens qui nient la fertilité du plateau d'Émirne.

Soit, allons plus loin, transportons-nous à quinze kilomètres de Tananarive, sur une colline vierge jusqu'alors de villages et de cultures.

Sur le sommet, un élégant chalet à l'européenne, d'où partent de grandes routes se coupant à angle droit. Les rectangles qu'elles dessinent sont formés de terre rouge bien remuée, d'où émergent à espaces réguliers de petits arbustes verts ayant de cinquante centimètres à un mètre de hauteur. Nous sommes sur une plantation de café. Je me réserve d'entrer ailleurs dans des détails plus minutieux sur les conditions de la plantation, sur les difficultés rencontrées, sur l'école qui a été faite ; qu'il me suffise de dire ici qu'actuellement, à Ivato (ainsi se nomme la propriété de M. Rigault), cent soixante mille plants de café croissent en plein vent, n'ayant pas de cyclones à redouter. Le chiffre sera doublé l'année prochaine, et dans deux ans le propriétaire compte avoir trois cents hectares plantés.

Les plants sont de Bourbon ; l'exploitation, commencée il y a quatre ans, a été attaquée par la maladie et a su y résister, grâce au traitement par le sulfate de cuivre, grâce surtout à la température fraîche de la saison hivernale.

Des plants de quarante ans (donnant dix kilos de café tous les deux ans) déracinés à Tananarive, dans les anciens jardins de M. Laborde, ont prouvé qu'on n'avait pas à craindre le trop peu de profondeur de la terre végétale. Les racines ne pénètrent guère au delà de un mètre vingt.

Sans qu'il lui soit besoin de recourir à la corvée, M. Rigault trouve une main-d'œuvre abondante dans les villages des environs. Femmes et enfants sont payés un peu plus de quatre francs par mois, nourriture comprise. Quant à l'engrais, considéré par certains auteurs comme devant coûter si cher, il est économiquement fourni par deux troupeaux de cinquante bœufs, qui paissent sur des collines laissées en herbages ; deux enfants suffisent à les surveiller. Les phosphates sont achetés, sous forme de cendre et os, à raison de quelques sous la tonne : trente mille kilos suffisent par hectare tous les trois ans. La pulpe du café, remise sur le sol, lui rend l'azote enlevé. Les trois cents et quelques hectares qui composent la propriété ont été loués à raison de huit mille francs pour trente ans. Au bout de ce temps, le bail est renouvelable pour un même délai et au même prix. Il est évident que l'occupant français ne peut que faciliter les conditions de la propriété pour le colon français. Les terrains libres abon—dent ; le champ est ouvert à des millions de travailleurs.

L'expérience faite dans la caféerie d'Ivato n'est pas complètement définitive. On ne pourra se prononcer sûrement que dans deux ou trois ans. Mais, à mon avis, des résultats déjà obtenus, on peut induire en toute confiance ceux de l'avenir.

Il suffit d'ailleurs de jeter un coup d'œil sur la quantité de café indigène apporté, chaque vendredi, sur le marché de Tananarive, de voir les plants laissés par M. Laborde et ceux qui poussent sans soin, dans les fossés des villages, pour être convaincu que la culture du café ne se heurtera pas, sur le plateau central, à l'écueil qu'elle a trouvé sur la côte : l'appauvrissement du sol. Dans l'Émirne, nous ne verrons pas de plantations analogues à celles du littoral, qui semblaient si prospères au bout de quatre ans, mais dépérissaient ensuite presque subitement pour disparaître, faute de force vitale.

Les colons futurs devront se rappeler que le Brésil suffit à plus de la moitié de la consommation du monde, que cette consommation augmente très rapidement, que par conséquent les débouchés de la production sont assurés pour longtemps.

A Madagascar ils n'auraient pas à craindre la concurrence ; il y a place pour tous. Loin de se gêner, les travailleurs européens ne pourront, au contraire, que s'entr'aider. Les nouveaux venus profiteront de l'expérience des anciens, et ils contribueront avec eux à faire connaître et apprécier les produits de l'île ; ainsi se créera une marque.

A côté de la vente libre en pays étranger, une source de bénéfice qui n'est pas à dédaigner se trouvera dans les dégrèvements à l'entrée en France (soixante-dix-huit francs par cent kilogrammes).

Qu'on n'aille pas croire que je me laisse entraîner ici par une idée patriotique qui, en me faisant dénaturer la vérité, m'éloignerait de mon but, ou que je force intentionnellement la note, disant beaucoup pour qu'en France on en retienne un peu. Ma volonté est de rester sincère. L'opinion que j'ai exprimée plus haut sur les richesses agricoles du plateau central n'est pas d'ailleurs partagée par des Français seulement; des étrangers, et des plus désintéressés dans la question, pensent comme nous. Je n'en veux pour preuve que le fait suivant.

En même temps que nous se trouvait à Tananarive un explorateur allemand, le docteur Wolf; il était en bons termes avec les Français de la capitale. Ceux-ci n'oubliaient pas le service que nous avait rendu le voyageur, lorsqu'il dénonçait avec impartialité, dans les journaux de Berlin, la conduite odieuse des Anglais à l'égard de nos missionnaires dans l'Ouganda.

Or M. Wolf racontait qu'après un séjour de plus de deux mois à Madagascar, ayant trouvé pleine justification à ses pressentiments enthousiastes pour la contrée, il n'avait pas craint d'écrire à un de ses amis, prêt à se fixer dans le Caméroun, de tout abandonner, pour venir s'établir dans l'île africaine.

C'est après de longs voyages sur la côte orientale d'Afrique que s'était faite l'opinion du docteur sur Madagascar.

Nul ne le soupçonnera de parti pris, et quant à moi je ne crains pas de me voir démentir en invoquant son témoignage.

En somme, un séjour de quinze jours à Tananarive, des excursions faites aux environs, les renseignements recueillis auprès des anciens colons aussi bien que les notes prises *de visu* nous ont convaincus de la vérité de cette réponse faite dans le *Progrès de l'Émirne* à M. Grandidier, par un homme qui, pour avoir gardé l'anonymat, n'en est pas moins un des plus compétents sur la question malgache : bien que le sol du plateau central paraisse au premier abord aride, dans les régions inhabitées, « la fertilité est partout à *l'état latent* ».

Il en est de ce sol comme d'un œuf dont il faudrait briser la coque et qui, loin d'être clair, contient le germe de vie. Encore n'avons-nous pas vu, paraît-il, les régions appelées à devenir les plus riches du plateau, telles que la plaine d'Antsirabé au sud, ou la vallée du Mangoue.

Le café n'est pas la seule culture destinée à donner de bons résultats à Madagascar : le travailleur français pourrait produire un vin léger, ayant l'avantage de n'être pas frelaté, et de revenir meilleur marché que celui qu'on doit faire monter de la côte. Nous avons bu chez M. Rigault un excellent petit vin récolté sur sa propriété.

Tous les arbres fruitiers, tous les légumes de chez nous, les céréales viennent admirablement dans l'Émirne.

Il en est de même des plantes textiles : la ramie croît comme une mauvaise herbe, et, sur la route de Majunga, j'ai ramassé de beau coton, poussé aux alentours des villages à l'état presque sauvage.

Le thé semble devoir prospérer sur le plateau central ; aucun essai assez sérieux de culture n'en a été fait pour qu'on puisse encore se prononcer.

Si de la culture nous passons à l'élevage, nous voyons diminuer les divergences d'opinions. En effet, parcourez simplement, comme nous l'avons fait, les plateaux riches en pâturages des Antsyanaks, voyez les superbes bêtes à cornes qu'ils engraissent ; examinez les chiffres des exportations de peaux de bœufs, le commerce de ces animaux qui se fait avec Maurice et Bourbon ; d'un autre côté, reportez-vous à ce qu'ont obtenu les Américains dans les solitudes du Far-West, et vous vous rendrez aisément compte de l'importance et du développement que peut prendre à Madagascar un élevage expérimental et raisonné. Si l'on songe aux tâtonnements qui ont précédé en Australie l'introduction du mérinos, et qu'il a fallu l'expérience des années pour trouver une race propre à cette contrée, on se demande si une méthode analogue, pratiquée sur les plateaux de Madagascar, n'amènerait pas des résultats analogues, c'est-à-dire la création d'une source de richesses immenses, encore inconnues dans l'île.

L'élevage du cheval, la production des mulets, devraient sans contredit réussir également.

Mon intention n'est pas d'écrire ici un livre sur les ressources de Madagascar : entreprendre ce livre, après deux mois de séjour, serait absurde, et, d'ailleurs, pour être complet, il ne pourrait être qu'une compilation ; je veux seulement communiquer aussi brièvement que possible l'impression que j'ai gardée de la grande île. Je passerai vite sur les questions commerciales ou industrielles, quelque importance qu'elles puissent avoir ; je ne citerai que pour mention les profits que pourront nous donner l'exploitation des fruits, le commerce du caoutchouc, de la soie, la fabrication du sel, l'industrie, établie sur place, des textiles, des alcools, des conserves, du Liebig, et la vente de nos produits à un peuple prêt à accepter tout ce qui vient d'Europe.

Il me faudrait des chapitres entiers pour montrer tout le champ qui est ouvert à l'activité et à l'intelligence de notre commerçant ou de notre industriel. Les chiffres (nous en avons ici quelques-uns) doivent suffire à les convaincre. En l'état actuel des choses, ils sont éloquents. Le mouvement commercial peut être évalué à une trentaine de millions.

Les six ports, dont les douanes garantissent l'intérêt de l'emprunt consenti par le Comptoir d'escompte, ont donné en 1893 six cent qua-

rante-huit mille francs de recettes, et deux
cent quatre-vingt-quinze mille francs pendant
le premier semestre de 1894. Depuis 1891
ils sont en décroissance. On assiste même à
ce phénomène singulier : dans certains ports
comme Majunga le produit des douanes dimi-
nue alors que le commerce augmente. Ceci
tient à des raisons d'ordre politique sur lesquelles nous aurons à revenir plus tard ; elles
influent sur les opérations du Comptoir lui-
même. Alors que l'agence de Madagascar
donnait, il y a trois ans, eu égard au capital,
des résultats plus beaux que toute autre, aujourd'hui ses opérations se réduisent à fort
peu de chose. Il est difficile de juger très
exactement ce que le commerce pourra rapporter au pays. Pourtant, les données qu'on
possède permettent de croire que sous un autre
régime les recettes douanières s'élèveraient en
peu d'années de un à trois et quatre millions.

En quelques lignes j'ai essayé de montrer
quel avenir pouvaient se réserver l'agriculture,
le commerce, l'industrie à Madagascar.

Il me reste à parler d'une des principales
sources de richesses, à la portée des colons,

de celle-là qui, si elle procure des déboires, enrichit souvent le plus vite, qui toujours séduit le plus : du sous-sol.

Madagascar renferme-t-il du charbon? Les gisements principaux sont-ils même connus? Sur ces points nous ne sommes pas assez renseignés pour qu'un avis puisse être émis. Des traces de pétrole ont été signalées en plusieurs endroits. Le fer est abondant, on en voit fréquemment à l'état presque pur. Le minerai de cuivre est excessivement riche; l'argent paraît très rare. Les pierres précieuses sont encore inconnues.

La production minérale de l'île, par excellence, est l'or. Ce métal dont la présence a été jadis niée, même par des ingénieurs, non seulement se rencontre presque partout dans l'île, mais en certains territoires abonde. Évaluer la quantité qui pourrait être extraite, voire même la production actuelle de l'or, dans un pays dont les deux tiers sont inconnus, où une concession ne peut être exploitée faute de gouvernement et d'administration, est chose fort difficile. Une grande partie de l'exportation étant le produit de vols commis par des fonctionnaires hovas ou des sujets britanniques aux dépens de nos compatriotes, les renseignements sont difficiles à obtenir. Néanmoins, de ceux que j'ai pu recueillir, il résulterait qu'il sort *mensuellement* de Madagascar environ trois cents kilogrammes d'or, représentant la somme d'un million.

Ce qui tendrait à prouver la grande abondance de l'or, c'est le nombre des mineurs de divers pays venus pour faire des *prospections*. Des ingénieurs du Transvaal écrivaient à leurs commanditaires que Madagascar était beaucoup plus riche que les régions au nord du Cap, que le climat y était plus sain et que, lorsque la contrée serait au pouvoir d'une puissance européenne, on verrait s'y produire un *run* comme dans les placers de la Californie.

Songez à la transformation qui s'est produite en quelques années au Transvaal, au développement qu'a pris le pays, aux chemins de fer qui y ont été faits, à l'importance qu'a acquise Johannesburg, grande ville bâtie à l'européenne et comptant maintenant plus de 150.000 âmes, vous en déduirez ce que la fièvre de l'or à elle seule peut faire de Madagascar.

Les conclusions du rapport de la mission

Daléas, malgré toutes les précautions prises par l'ingénieur qui, volontairement, de crainte d'exagérer, diminuait d'un tiers le produit de chaque battée, sont, nous a-t-on dit, dans le même sens que celles des Anglais.

A la question de l'or, est intimement lié le nom d'un Français, M. Suberbie. L'histoire de sa concession intéresse trop qui veut étudier la colonisation, les péripéties de la lutte qu'il a dû soutenir sont trop curieuses pour que nous n'en disions pas quelques mots.

Le 2 décembre 1886, M. Suberbie obtient du gouvernement malgache la concession d'une exploitation aurifère pour cinq ans. Les bénéfices seront ainsi répartis : dix pour cent au gouvernement, quarante-cinq pour cent au Premier Ministre et quarante-cinq pour cent à M. Suberbie.

Le Premier Ministre Rainilaiarivony, s'étant engagé par contrat *à fournir le nombre de travailleurs nécessaire* et à les protéger, envoie son fils, Rajoel, pour faire le recrutement, assurer la sécurité des travailleurs et procéder à la délimitation. Or Rajoel était déjà connu pour son hostilité contre nous. Il prouve, en arrivant sur le terrain de la concession, ses sentiments à notre égard en suscitant à notre compatriote des difficultés de toute sorte; loin d'aider M. Suberbie, il fait voler de l'or pour son propre compte par ses subalternes.

A la suite de plaintes réitérées du concessionnaire, Rajoel est remplacé. La délimitation se fait; la concession comprendra quatre districts dans le Bouéni, avec permission pour M. Suberbie de s'étendre en dehors de la limite dans le bassin aurifère autant qu'il le jugera nécessaire à l'exploitation.

Le gouverneur général de la province semble bien disposé; un certain nombre d'ouvriers sont réunis; pendant une courte période, mille quatre cents hommes travaillent sur les chantiers. On retire alors vingt-sept kilogrammes d'or par mois (environ quatre-vingt-huit mille francs). M. Suberbie juge le nombre des travailleurs encore insuffisant. Pour exploiter sérieusement la concession, il faudrait au moins cinq à six mille hommes.

Le 2 juin 1888, survient un nouveau contrat. Le Premier Ministre, informé par M. Suberbie de la présence de quartz aurifères dans la région, s'associe avec lui pour l'exploitation de ceux-ci. Chaque associé doit payer la moitié du matériel (estimé en tout à une somme ne pouvant excéder cinq cent mille francs). Les bénéfices seront partagés par moitié. Il est à remarquer ici que la somme des dépenses à laquelle le Premier Ministre s'engageait pour sa part lui a été avancée par son associé. A l'heure actuelle, elle n'est pas encore remboursée.

En 1888, M. Suberbie s'engage à faire tout ce qu'il peut pour rembourser le plus vite possible, sur les bénéfices de l'extraction, l'emprunt malgache (13 millions de francs).

Mais pour ce faire, il lui faut des travailleurs. Or les travailleurs, loin d'augmenter, diminuent. Les officiers malgaches cherchent par tous moyens, non seulement à retarder, mais à empêcher tout recrutement. Rainilaiarivony les encourage dans leur manœuvre en refusant de les blâmer et en donnant des réponses vagues ou des fins de non-recevoir aux nouvelles plaintes de M. Suberbie.

Celui-ci ne se décourage pas, et, en dépit des obstacles qui lui sont opposés, signe, le 6 mai 1890, un troisième contrat avec le Premier Ministre. Il est stipulé que moyennant une prolongation des deux traités précédents, l'emprunt de 13 millions sera remboursé en dix semestrialités (versées en juin et décembre de 1891 à 1895), variant de 111.596 piastres 50 pour la première, à 464.391 piastres 50 pour la dernière.

Une des clauses du traité porte que toute la main-d'œuvre devra être malgache, que seuls les contremaîtres et surveillants pourront être européens. Le Premier Ministre s'engage de nouveau *formellement* à fournir le *nombre d'ouvriers nécessaire*.

Sur ces entrefaites meurt le gouverneur général du Bouéni. Son remplaçant, Ramasounbazal, arrive, concessionnaire lui-même d'une exploitation aurifère voisine de celle de Suberbie. C'est donc un concurrent qui est appelé à protéger notre compatriote.

Vers la même époque se fonde, sous la direction d'un ancien missionnaire anglais, Abraham Kingdon, un syndicat intitulé *The Madagascar Mercantile Development Syndicate limited* ou *Madagascar Queen's Concession limited*, ayant pour objet l'exploitation de terrains aurifères. Parmi les membres de l'association on retrouve Rajoel, Rasange, le secrétaire et le bras droit du Premier Ministre, et nombre d'officiers influents du palais. La participation de ces personnages à la nouvelle entreprise est prouvée surabondamment par leur correspondance même, tombée entre les mains d'un agent de M. Suberbie. La nouvelle société, protégée et défendue par Ramasoun–bazal, lance des prospectus et délivre des permis signés par Kingdon et cherche de l'or jusque sur le terrain de la concession française même. Les redevances sont, par homme, de cinq francs, pour le premier mois, et de trois grammes et quelques dixièmes d'or versés mensuellement, pour le reste du temps.

Les officiers hovas ne se gênent pas pour dire au peuple que la concession anglo-malgache est approuvée par le Premier Ministre et la Reine, et qu'en se conformant aux indications de Kingdon on sert les intérêts du gouvernement. Ainsi se trouve organisé officiellement le vol de l'or.

Un des résultats les plus clairs produits par l'attitude qu'ont prise les officiers indigènes est d'arrêter les travailleurs et d'amener les plus graves désordres sur le territoire exploité par M. Suberbie. C'est en 1891 qu'est assassiné sur la route de Majunga le docteur Béziat.

Le 7 octobre 1892, les engagements pris par M. Suberbie envers le Premier Ministre se trouvent modifiés par une nouvelle convention.

Au lieu des semestrialités précitées, M. Suberbie versera à Rainilaiarivony dix pour cent des produits de l'exploitation et dix pour cent du produit obtenu par les entrepreneurs qu'il lui plaira d'établir dans la concession : les versements auront lieu jusqu'à concurrence de la somme de deux millions six cent mille piastres, que M. Suberbie s'engage à parfaire le plus rapidement possible.

Une contre-lettre écrite par M. Suberbie à la suite d'une conversation avec le Premier Ministre spécifie que la convention dont il vient d'être parlé n'a été faite qu'à titre d'essai pour un an ; au bout de ce délai, le Premier Ministre sera libre de reprendre l'exploitation en prenant M. Suberbie comme directeur, et en indemnisant ses commanditaires pour les dépenses qu'ils ont faites (deux millions neuf cent mille francs) ; ou bien une Société sera faite en commun sur des bases nouvelles.

Les modifications nécessaires apportées aux clauses du contrat primitif n'améliorent guère la situation. Les ouvriers se font de plus en plus rares. De mille quatre cent leur nombre est tombé à six cent cinquante, puis à quatre cents ; à la fin de 1893, il n'atteint pas deux cents.

Les troubles augmentent, la sécurité n'existe plus nulle part dans le Bouéni ; le personnel blanc est réduit des deux tiers ; à part certains postes où des agents français parviennent à se maintenir à force d'habileté, de courage et d'audace, mais en exposant chaque jour leur vie, le travail doit être concentré à Suberbie-ville. Encore n'y peut-on guère faire autre chose qu'étudier les filons et se préparer à un avenir meilleur. Devant l'état de choses actuel, dû au mauvais vouloir évident du Premier Ministre, il n'est resté à M. Suberbie qu'une mesure à prendre : déposer une demande d'indemnité, et élever sa plainte au-dessus du gouvernement malgache, s'adresser à la France. C'est ce qu'il vient de faire.

De son côté Rainilaiarivony n'est pas resté en retard sur notre compatriote.

Ne faisant allusion qu'à une des conventions, et oubliant les engagements formels qu'il a pris à plusieurs reprises relativement au recrutement et à la protection des ouvriers, muet sur le chapitre des encouragements ouverts donnés à nos ennemis, le Premier Ministre ose réclamer le paiement des semestrialités' stipulées en 1890 (six millions huit cent mille francs, plus les intérêts de la somme à 6 p. 100); il ajoute que, si le versement n'est pas fait en juin, la concession sera considérée comme retirée, et les conventions regardées comme nulles.

Voilà où en est la question. A qui a voulu nous suivre dans l'exposé que nous venons de faire, il sera facile de voir de quel côté est le bon droit.

L'histoire de la concession de M. Suberbie, le récit de ses luttes continuelles pendant huit années, contre des difficultés que beaucoup auraient pu juger insurmontables, l'énergie et la ténacité qu'il a dû déployer malgré la mauvaise foi des autorités indigènes et l'hostilité de certains Européens, pour établir, attirer autour de lui plus de Français qu'il n'y en a à Tananarive, rester et travailler malgré tout, dans un pays où notre protectorat n'existe pas, où les recours sont impossibles, où les réclamations n'aboutissent pas, autant d'exemples consolants et réconfortants pour ceux qui, comme nous, ont foi en l'avenir colonial de la France.

La création même et la durée de Suberbieville donnent le démenti le plus formel aux gens qui, non contents de ne rien faire, cherchent à décourager les bonnes volontés, en refusant de nous reconnaître les qualités propres à la colonisation.

En partant de France, j'ai entendu dire à des personnages haut placés et instruits qu'on ne voyait à Madagascar que des résidences et point de colons. A ceux qui ont l'esprit assez étroit pour venir reprocher au gouvernement une dépense de 600.000 francs pour la résidence générale à Tananarive, où la Reine et le Premier Ministre ont chacun un palais (je ne pense pas, et pour cause, qu'on ose faire allusion aux autres résidences), je conseillerais de suivre la côte depuis Fort-Dauphin jusqu'à Majunga en passant par le cap d'Ambre. Ils seraient étonnés, à quelques régions près, de rencontrer dans chaque port des commerçants français, ou des représentants de maisons françaises ; de voir souvent entre les ports des cultivateurs français ; de trouver nos produits, notre influence, notre action partout (de crainte de chicane, j'évite de parler de Diego-Suarez, que son régime met en dehors du protectorat de Madagascar).

Les sceptiques en matière coloniale devraient s'arrêter quelques jours à Majunga, au milieu de compatriotes aussi gais qu'aimables et confiants ; ils remonteraient ensuite pendant trois jours le Betsibouk sur la chaloupe à vapeur de M. Suberbie. A Suberbieville, ils seraient heureux, j'en suis sûr, de séjourner parmi une trentaine de Français et de Françaises ; ils auraient plaisir à s'endormir en fredonnant des refrains parisiens, chantés le soir au piano, et à s'éveiller gaîment au sifflet de la locomotive. Quel ne serait pas leur étonnement, en découvrant à Madagascar, dans une entreprise à laquelle toute subvention gouvernementale est étrangère, un Decauville, une usine à pilons ; des turbines, auxquelles aboutissent un chenal de mille trois cents mètres creusé à main d'hommes ; des galeries souterraines de six cents mètres, taillées dans le quartz.

S'il leur plaisait d'aller plus loin, ils trouveraient des postes français à deux ou trois jours
de marche. S'ils n'étaient pas encore convaincus de l'existence du colon français, ils
pourraient monter jusqu'à Tananarive, causer
avec les commerçants, voir de tous côtés les
essais de plantation tentés par chacun sur une
plus ou moins vaste échelle, depuis les trois
cents hectares de M. Rigault jusqu'aux plus
modestes vallons de certains fonctionnaires.
Les trois, je devrais dire depuis quelques
semaines, les quatre sergents de l'escorte qui,
admirateurs de Madagascar, y sont restés une
fois leur service terminé, les renseigneraient
bien volontiers.

Si, enfin, ceux qui veulent à toutes forces
nous empêcher de sortir de chez nous n'avaient
pas encore reconnu l'inanité de leurs efforts
négatifs, il leur resterait une dernière ressource: qu'ils ouvrent l'annuaire de Madagascar; sur cinq cents et quelques colons, la
grande majorité est composée de Français.

Ce n'est pas là seulement une preuve de
notre énergie colonisatrice. Le grand nombre
de Français résidant à Madagascar est à mon
avis le témoignage le plus évident, le plus pal

pable, le plus indubitable de la grande richesse
et de l'avenir de la contrée. Il faut assuré—
ment que l'île ait en elle quelque chose de
singulièrement séduisant, exerce une attrac-
tion irrésistible, comparable au pouvoir d'un
aimant, pour y garder aussi longtemps, malgré tous et malgré tout, des colons français.

II

Dans une lettre publiée par le *Madagascar*,
M. Larrouy, répondant au gouverneur de la
Réunion, lui écrivait :

« Malheureusement, si le sol et le climat
de cette île (Madagascar) offrent des conditions aussi favorables à notre expansion coloniale, il n'en est pas de même de l'état politique, et il est de mon devoir de vous éclairer
également sur ce point.

» Actuellement, j'estime que la sécurité des
biens et, en quelques endroits, des vies des
colons, à quelque nationalité qu'ils appar-

tiennent, n'est pas assurée d'une manière
suffisante.

. . . .

» Le gouvernement malgache est actuelle—
ment saisi d'un grand nombre de réclamations, quelques-unes fort anciennes, émanant
des Français et des étrangers, dont aucune,
pour ainsi dire, n'a reçu satisfaction. »

Et le résident général conclut :

« Tant que la situation déplorable qui existe
ici n'aura pas été complètement modifiée,
l'émigration dans ce pays sera prématurée et
l'administration, en la favorisant, assumera
des responsabilités sur lesquelles il est de
mon devoir de la renseigner. »

Je crois l'opinion émise par M. Larrouy
absolument exacte.

Si j'admire, pour ma part, les colons de la
première heure, si je respecte leur énergie et
leur ténacité, je me reprocherais de pousser
qui que ce soit à aller à Madagascar pour travailler — tant que la situation actuelle ne
sera pas modifiée.

Quel est en effet, maintenant, l'état politique
de Madagascar?

Nous y voyons un gouvernement qui n'en a que le nom et qui n'est, en réalité, que le syndicat de quelques familles réunies pour exploiter le plus grand nombre.

Des princes barbares, coupables encore de sacrifices humains et d'horreurs qu'il m'est impossible de décrire ici.

Une royauté reconnue maîtresse d'une île dont elle possède à peine la moitié.

Un peuple ne travaillant que juste assez pour vivre, sûr qu'il est d'avance de se voir dépouillé s'il arrive à mettre de l'argent de côté.

Une administration vendue à l'encan, se payant elle-même sur ses administrés.

Engendré par cet état de choses et né de la pourriture d'en haut comme les vers d'un cadavre, le socialisme malgache, qui n'ose pas s'attaquer encore au pouvoir, mais s'en prend à la propriété, variant de nom suivant la manière dont il procède : ici le vol, là le brigandage, ailleurs la piraterie.

Partout l'arbitraire, l'exaction, l'anarchie, et, à leur suite, l'insécurité.

Voilà le tableau, pour ce qui regarde les Malgaches.

Quant à nous, nos relations avec eux s'appuient sur un traité mal fait, boîteux, différemment interprété, ou même différemment écrit suivant la partie qui doit l'appliquer.

Et je ne fais ici allusion qu'au traité même, je préfère ne pas parler de cette triste contre-lettre explicative, arrachée à l'amiral Miot, on ne sait trop comment, invoquée sans cesse par le gouvernement du Premier Ministre et non reconnue par nos agents.

C'est en août 1890 que fut prononcé entre la France et l'Angleterre le mot : PROTECTORAT, soigneusement écarté auparavant des traités.

Aussi, la chose n'existe-t-elle que dans les livres bleus ou jaunes ou dans les archives des ministères : à Madagascar même, l'idée de protectorat est inconnue

Et il eût mieux valu qu'il en fût de même dans les chancelleries européennes. Décidé qu'il était à ne pas agir, notre gouvernement eût pu épargner à la France l'humiliation de jouer à Madagascar un rôle à la fois ridicule et honteux.

Étrangers aux relations extérieures de l'île, nous aurions eu le droit d'assister en toute indifférence à l'introduction continuelle des armes, et de laisser préparer à Tananarive la résistance aux Européens, sous la direction d'aventuriers anglais comme M. Shervinton ou M. Parrett.

On en a jugé autrement : on a cru possible de faire, devant les nations européennes, l'af-'firmation d'une politique énergique, et de la suivre dans un pays non civilisé, sans avoir en main aucun moyen d'action ou de répression.

Pour défendre nos intérêts à Madagascar, on a nommé des agents, et l'on a laissé à leur talent ou à leur diplomatie le soin de convaincre des gens qui ne se rendent qu'aux arguments de la force. A quel résultat sont-ils arrivés? A se voir obligés, d'un côté, de transmettre continuellement aux Hovas des réclamations qu'ils sont sûrs d'avance de voir compter pour nulles, et de l'autre, d'écrire par chaque courrier aux ministres l'aveu de leur impuissance.

Cette impuissance, Rainilaiarivony la connaît bien : il est tenu soigneusement au courant de ce qui se passe chez nous par ses secrétaires et quelques Anglais. Aussi ne met-il plus la moindre pudeur à refuser la justice à nos compatriotes, à laisser sciemment les vols impunis, les créances impayées par des débiteurs solvables, à signer des contrats dont il a l'intention bien arrêtée de ne pas tenir les clauses.

Je voudrais citer quelques exemples des dénis de justice dont sont victimes les colons de Madagascar. Je n'aurais que l'embarras du choix. L'histoire de M. Suberbie a dû suffire à instruire le lecteur. Deux faits qui m'ont été racontés à Tananarive contribueront à l'édifier, cependant, sur la manière dont est rendue la justice à Madagascar ; du petit il pourra conclure au grand.

M. Delharbe s'aperçoit qu'un vol d'argenterie a été commis chez lui. Il se plaint au juge. Celui-ci demande quelques échantillons de cuillers pour pouvoir reconnaître celles qui ont disparu. L'instruction qui est censée être faite n'aboutit pas. Mais c'est en vain que M. Delharbe réclame les cuillers prêtées. Elles ne lui sont pas plus rendues que les volées.

Dans un port de la côte, la maison Rebut et Sarrant est volée de cinquante tonneaux de riz par le petit gouverneur de la localité et son entourage. Sur une plainte de l'employé de la maison, le gouverneur du district exige qu'on lui rende les marchandises ou leur valeur en argent. Vingt-cinq piastres sont versées à la maison Rebut; le gouverneur met le reste dans sa poche (environ 1.400 francs).

Devant notre inertie, l'audace du gouvernement malgache va en augmentant : il se croit tout permis avec des gens « qui aboient toujours et ne mordent jamais », comme dit de nous le Premier Ministre.

Aux injustices succèdent les insultes : à celles-ci, les coups ou les meurtres. On n'en est plus à compter les tentatives d'assassinat ou d'empoisonnement dirigées contre des Français ; il faudrait des pages entières pour les rapporter. Elles sont devenues si fréquentes qu'on n'y attache pas d'importance ; on ne note qu'à peine celles qui sont suivies d'effet.

Quelques jours avant notre arrivée, c'était le drapeau français qui était insulté dans la personne d'un soldat de l'escorte. Un neveu de la reine, une sorte de souteneur, le prince Rakatomine, le faisait rouer de coups dans la rue par un aide de camp, sans le moindre motif. Quelques jours après, la reine partait à la campagne, emmenant avec elle « son neveu bien-aimé que, disait-elle, les Français avaient voulu tuer ».

Le soldat s'en est tiré ; il n'en avait pas été de même de notre infortuné compatriote le capitaine Muller, envoyé en mission par le gouvernement français, et assassiné par des bandits avec la connivence d'un gouverneur qui n'a pas même été destitué. Cet assassinat et d'autres paraissent avoir passé inaperçus en France. On serait tenté de se demander si la vie d'un de nos officiers a moins de valeur à Madagascar qu'ailleurs, et si certaines contrées, à l'exclusion de celle-là, ont le privilège de rendre précieux le sang de nos compatriotes.

Les Français de la grande île s'étaient imaginé que la mort de Muller mettrait le feu aux poudres ; ils se trompaient étrangement, rien ne fut *sérieusement* demandé au gouvernement malgache, rien obtenu. Rien ne fut changé à Madagascar, il n'y eut qu'un Français de moins.

Nos ministres sont parfaitement renseignés, il importe qu'ils disent toute la vérité au Parlement ; qu'ils ne fassent pas comme certain d'entre eux qui récemment feignait d'ignorer les nouvelles ou annonçait à la Chambre l'établissement à Fort-Dauphin d'un agent qui n'avait pas même quitté la France, et qui, au mois de juillet dernier, n'était pas encore arrivé à Madagascar. Il faut qu'en France on connaisse bien la situation, qu'on sache où nous ont conduits les piétinements sur place auxquels faisait déjà allusion M. de Mun, il y a dix ans.

Maintenant, en 1894, nous en sommes à bien peu de chose près au même point qu'il y a deux cent cinquante ans.

Or en matière de colonisation, ne pas avancer, c'est reculer.

La question de Madagascar est pourtant venue plusieurs fois devant le Parlement. Des expéditions ont été menées contre l'île. On sait à quel traité elles ont abouti.

Notre grande erreur a consisté à ne faire les choses qu'à moitié et à nous y mal prendre. C'était une faute de s'attaquer exclusivement aux ports. Des gens médiocrement informés avaient conclu, dans leur rapport, à la nécessité d'un blocus. Or il suffit de connaître un tant soit peu Madagascar pour s'apercevoir bien vite de ce qu'a d'absurde l'idée de blocus. En admettant même que nous puissions bloquer effectivement une île qui a mille cinq cents lieues de côtes, nous n'affamerons pas les Malgaches. Ils tirent tout ce qui est nécessaire à leur existence du plateau central, et ne prennent presque rien au dehors. Pour eux, le littoral n'est qu'une colonie; loin de les gêner, c'est nous-mêmes qui, comme l'a fait remarquer Mgr Freppel, nous trouvions bloqués dans les ports que nous croyions bloquer.

Nous avons commis une seconde faute en prenant au sérieux le gouvernement malgache, c'est-à-dire une réunion de gens faux, de mauvaise foi, et dont la parole n'a de valeur que lorsqu'elle est dominée par la voix du canon.

Entre eux et nous, encore, avons-nous jugé nécessaire d'accepter un intermédiaire anglais. Un aventurier, appelé Willoughby, a joué ici, de notre gré, le rôle des Campbell et des Macartney en Chine. Un ministre qui distribuait facilement la Légion d'honneur aux étrangers, M. de Freycinet, a même été jusqu'à signer en faveur de Willoughby un décret de décoration pour les services qu'il nous avait rendus. Il est vrai que M. Le Myre de Vilers refusa avec raison de lui remettre la croix.

Que pouvait-on d'ailleurs attendre de cet homme néfaste qui nous avait fait perdre l'Égypte? Qu'il restât à Madagascar fidèle à la politique anglophile qu'il avait suivie ailleurs. Par quelles humiliations ne nous a-t-on pas alors fait passer sous le prétexte d'éviter ce qui eût pu froisser notre voisin d'Outre-Manche!

Qui ne se rappelle sans douleur l'histoire de ce missionnaire protestant, Shaw, dédommagé par une indemnité de vingt-cinq mille francs d'avoir cherché à empoisonner nos soldats?

Longtemps encore notre politique coloniale s'est ressentie de l'attitude effacée, pour ne pas dire humiliante, prise auparavant vis-à-vis de l'Angleterre. Quiconque pourrait consulter les dossiers du quai d'Orsay serait étonné de voir, après la convention du 5 août 1890, notre rivale mieux connaître nos droits que

nos gouvernants. Alors que ceux-ci ne croyaient
nécessaire qu'à Tananarive, l'entremise de nos
résidents entre les agents anglais et le gouvernement malgache, l'Angleterre qui, ayant
reconnu notre protectorat, jugeait nos droits
les mêmes partout, envoyait à *tous ses agents*,
même à ceux de la côte, l'ordre de s'adresser
aux résidents français pour les affaires qu'ils
auraient à traiter avec les fonctionnaires hovas.

Des demi-mesures ne pouvaient donner
que des demi-résultats. Une action mal préparée ne pouvait que mal aboutir.

Depuis le traité de 1885, notre politique
n'a subi que des échecs à Madagascar; nous
n'avons rien obtenu. On a changé les résidents, le terrain restait le même. Des hommes
différents se succédaient avec les mêmes ins-
tructions et les mêmes moyens. Tous aboutis-
saient au même résultat. En Rainilaiarivony
ils trouvaient à leur arrivée un personnage
aimable qui ne ménageait pas les promesses.
C'était charmant. Mais lorsqu'il s'agissait de
tenir, c'était un tout autre homme. Fort de
notre impuissance, le Premier Ministre inven-
tait des maladies diplomatiques pour sus-
pendre ses rapports avec nos agents, ou répon-

dait plus simplement à leur réclamation par une fin de non-recevoir.

A son égard, tous les systèmes ont été essayés, et on peut dire, usés, sauf le bon. En vain a-t-on employé la douceur, en vain s'est-on servi de la menace, en vain a-t-on feint de brusques départs ; rien n'avait de prise sur celui que renseignaient si bien les Anglais, c'était toujours au même mur d'airain qu'on se heurtait.

Toutes les tentatives pacifiques ont été aujourd'hui faites. Des fautes nombreuses ont été commises : mettons-les sur le compte de l'expérience à tenter. Nous sommes maintenant, je crois, suffisamment instruits. Il faut payer les pots cassés, et avant de nous poser en protecteurs, commencer, comme l'a si justement écrit M. Martineau, par nous protéger.

Un ministre anglais encore en vie disait à un de nos ambassadeurs :

« Je ne sache pas qu'on établisse un protectorat sur un pays de nègres autrement qu'à coups de canons. »

La vraie solution, la seule qui puisse aboutir, la seule qui convienne à notre dignité, la voilà : il faut du canon.

Nous sommes instruits par les fautes du passé. Profitons-en.

Plus de blocus inutile, mais une marche rapide directe, sur Tananarive. La chose a été étudiée, le plan est prêt. Il ne m'appartient pas d'entrer ici dans des considérations d'ordre purement militaire. Qu'il me suffise de dire que, de l'avis général, le corps expéditionnaire doit comprendre une douzaine de mille hommes ; que, par la route de Majunga (nous l'avons parcourue), la montée est facile ; que les troupes rencontreront moins de difficultés matérielles que beaucoup de gens ne se l'imaginent en France,

Il serait imprudent et malavisé, au début d'une campagne, de mépriser ses ennemis, ici comme ailleurs. Néanmoins, je ne crois pas que les Hovas opposent à nos troupes une résistance sérieuse. Il ne faudrait pas juger de ce qui nous attend dans l'avenir par l'affaire de Farafat. Le prétendu échec que nous y aurions subi n'existe que dans l'imagination de certains politiciens ; il vaut, d'ailleurs, mieux ne pas réveiller le souvenir de cet épisode dans lequel la part des responsabilités n'a pas encore été suffisamment établie.

L'effectif sur lequel pourrait compter le gouvernement malgache comprendrait quarante-cinq mille Hovas et quinze mille hommes de contingent étranger (Betsiléos, Antankars, etc.), ceux-ci plus mauvais soldats que les Hovas.

L'armement se composerait de vingt mille fusils se chargeant par la culasse, huit à neuf mille fusils à pierre et environ quatre-vingts canons, parmi lesquels un Armstrong se chargeant par la culasse, dix mitrailleuses anglaises, trente Garners, douze canons revolvers et vingt-quatre pièces diverses se chargeant par la culasse.

En outre, dix mille nouveaux fusils se chargeant par la culasse seraient arrivés récemment et on attendrait douze canons de gros calibre commandés à M. Shervinton. Ce dernier, actuellement absent de Madagascar, ramènerait avec lui à son retour une vingtaine d'Anglais pour diriger des travaux de fortification.

Tels sont en résumé les renseignements que j'ai pu recueillir sur l'armée des Malgaches. On voit que leur gouvernement se prépare à la guerre, et c'est en difficultés nouvelles, c'est-à-dire en hommes et en argent, que nous devrons payer le temps perdu à prendre une décision.

Il est bon d'ajouter ici que, sur les fusils mentionnés ci-dessus, un certain nombre est destiné à éclater. C'est du moins ce qui s'est passé pendant les feux de salves tirés aux funérailles de la précédente reine. Beaucoup des armes employées alors sont hors d'état.

Dans les troupes mêmes, de nombreuses défections se produiront. Les désertions seront fréquentes, les marches difficiles, les services de l'intendance et du ravitaillement étant fort mal connus des Hovas. Je n'en veux pour preuve que la manière dont ont été conduites les expéditions contre les Sakalaves et les Bares, et les résultats qu'elles ont donnés.

L'effectif même de l'armée me semble exagéré, du moins si j'en juge par ce que j'ai vu en route.

Sur les 2.000 soldats, par exemple, partis l'année dernière pour le fort de Manotanana, près de Suberbieville, 1.200 sont arrivés. Actuellement il ne reste de cette troupe que 5o hommes, dont 3o à peine sont en état de porter un fusil. Il y a quelques mois, une alerte s'étant produite la nuit, à la suite de coups de fusil tirés par des villageois sur des sangliers, les officiers n'osèrent pas réunir leurs hommes, de crainte de paraître ridicules en se présentant devant le gouverneur avec un trop faible contingent.

A Majunga, la garnison, d'une cinquantaine d'hommes, s'étant mobilisée pour châtier des Fahvales, revint après quelques jours avec un prisonnier : c'était un pacifique travailleur, sujet français, rencontré sur la route. Ce fut tout le résultat obtenu par l'expédition.

Les quelques renseignements militaires que je viens d'exposer sont connus en France, aux ministères de la guerre et de la marine. Assurément les contingents que nous pourrons trouver devant nous à Madagascar ne ressemblent guère, même de loin, aux réguliers chinois qu'il faut combattre à la frontière du Tonkin.

Les officiers compétents qui ont étudié la question sont tombés d'accord sur un même plan ; ils ont montré la marche à suivre, une action vive et d'ensemble possible avec des forces suffisantes. A combien évaluer les frais d'une expédition ? Il est bien difficile de se prononcer là-dessus d'ores et déjà. De l'avis de la plupart des Français qui ont étudié la chose et à qui nous en avons entendu parler, la somme de cent millions, qui est l'estimation des pessimistes, serait exagérée. Quoi qu'il en soit, au point de vue même de la dépense, il est nécessaire d'éviter le danger des petits paquets. Les frais paraissent moindres au détail, la note à payer est beaucoup plus considérable au total.

Les écueils auxquels on pourrait se heurter sont prévus. Pour rendre l'unité et la rapidité d'action possibles, il faut faire, durant la saison des pluies, des préparatifs suffisants pour l'approvisionnement et l'aménagement des troupes et leur transport rapide hors de la zone fiévreuse. Il faut l'occupation de certains points des côtes, l'entente avec des indigènes insoumis aux Hovas.

Cela fait et les soldats amenés sur le terrain, un piège peut nous être tendu, contre lequel nous devons nous mettre en garde. Il est possible que le gouvernement malgache, nous voyant prêts à nous mettre en marche, nous offre aussitôt de traiter dans des conditions qui, au premier abord, paraîtraient avantageuses. Défions-nous des belles paroles. Ne nous laissons pas prendre à des propositions qui ne sauraient séduire que des diplomates peu au courant de la tactique et des habitudes des Hovas. Un traité avec le gouvernement malgache n'aura de valeur que s'il est conclu au son du canon, scellé à la baïonnette, signé dans le palais de la reine, à Tananarive, à l'ombre du drapeau tricolore, garanti jusqu'à son exécution par la présence dans la capitale de quelques milliers de nos soldats. Sans la force, il ne faut attendre des Hovas ni droit, ni justice, ni foi.

III

En somme, actuellement, la question malgache ne peut avoir pour nous que deux solu-
tions : ou l'abandon absolu par la France
d'une île sur laquelle elle a établi et maintenu
depuis deux siècles et demi ses droits, au
milieu même de ses plus grands malheurs;
ou bien la guerre.

A ceux qui pensent que la colonisation se
fait au nom de l'humanité pour répandre la
civilisation, je dirai que nous avons un beau
rôle à jouer, en créant, non une colonie de
fonctionnaires, mais un protectorat sage, sem-

blable à celui de la Tunisie. En donnant à un peuple intelligent un contrôle, en assurant chez lui la sécurité, en remplaçant l'arbitraire par la justice et l'anarchie par l'ordre, nous lui permettrons de travailler, de gagner de l'argent et d'en économiser, de développer son commerce, d'exporter ses produits et d'acheter les nôtres. En un mot, nous saurons nous faire estimer et aimer en faisant œuvre de nation vraiment supérieure.

A ceux aux yeux desquels le vrai but des colonies est d'enrichir la métropole, en ouvrant un libre champ aux efforts de compatriotes hardis, tenaces, intelligents, je montrerai en Madagascar un pays plus grand que la 'France, sans frontières politiques, c'est-à-dire sans voisins; d'immenses espaces libres offerts au travail des nouveaux arrivants; un sol fertile, lorsqu'il est remué, donnant, outre les productions de la patrie, les plus riches productions des Tropiques; un sous-sol où les métaux précieux abondent; un climat sain et tempéré; enfin un peuple sans passé, capable plus que tout autre de se façonner au moule de notre civilisation et de seconder les efforts de nos pionniers.

Dans un livre récemment publié : *Annamites et Extrême-Occidentaux*, M. le général Frey, qui connaît bien nos possessions lointaines, s'exprime ainsi sur les expéditions coloniales :

« S'il convient d'encourager et d'aider de tous nos efforts les entreprises privées, individuelles ou collectives : explorations, établissements de comptoirs, etc., sur toutes les parties du globe où la science et l'initiative commerciale cherchent un aliment à leur activité, il importe de n'engager l'action politique et les finances de l'État que là où celles-ci doivent être profitables à l'intérêt national et non point servir seulement des intérêts particuliers au détriment de la fortune publique; en un mot, il y a lieu de subordonner les sacrifices en hommes et en argent que l'on s'impose à l'importance des résultats généraux à retirer. »

Les résultats que nous pouvons attendre d'un protectorat sérieux à Madagascar justifient-ils une expédition? En un mot, Madagascar vaut-elle une guerre? Oui, je le crois.

Ce que le génie d'un ministre de la monarchie, Richelieu, avait deviné il y a deux cent cinquante ans, s'est trouvé confirmé par les renseignements nombreux des voyageurs français qui se sont succédé à Madagascar et par l'expérience des colons. La graine a été semée au xviie siècle, il est temps de cueillir le fruit.

Lorsque de hardis conquérants s'emparaient du Canada, de ces quelques « arpents de neige » que méprisaient beaucoup de leurs contemporains, et des plus intelligents, la possession d'outre-Océan était baptisée du nom de Nouvelle-France. En dépit des critiques, quelques colons avaient alors foi dans l'avenir de la contrée.

Quand un lion attaqué dans son repaire abandonne sa proie pour faire face au danger, les chacals viennent se partager dans l'ombre son butin. Ainsi les Anglais nous ont enlevé, à la faveur de luttes continentales, quelques-unes de nos meilleures colonies. Au nombre de celles-ci se trouvait le Canada.

Point ne sert de récriminer sur les fautes du passé. C'est l'œuvre des historiens, non des colons; le devoir de ceux-ci est de ne plus retomber dans les mêmes erreurs. Une nouvelle France nous est maintenant offerte dans l'océan Indien. Nous avons gardé malgré tout le droit de la prendre ; prenons-la. Qu'un homme ait le patriotisme d'affronter le surnom de *Malgache*. L'histoire lui en saura gré.

D'autres nations obtiendraient peut-être à Madagascar un résultat plus rapide que nous ; peut-être en feraient-elles plus vite une colonie prospère. Retirons-nous devant elles : dans trente ans nous regretterons amèrement la faute, — je dirais : la trahison commise ; — nous n'aurons pas assez d'injures à adresser à la mémoire de ceux qui, de gaieté de cœur, auront laissé les autres prendre la place qui était nôtre.

Notre patrimoine colonial est quelque chose de nous mêmes ; nous devons le transmettre intact à nos descendants ; toutes les parties de notre empire d'outre-mer doivent nous être sacrées, comme un legs du passé, comme une réserve pour l'avenir. Ce qui était vrai en 1884, venant de la bouche de Jules Ferry, l'est encore en 1894.

Il y a chez nous des gens pour qui la colonisation est une des marques de vitalité, de force et de richesse d'une nation. Ceux-là voient, comme M. Thiers, dans la colonisation, un des remèdes, peut-être le plus sûr, de la crise sociale que nous traversons. Ils ont foi en la puissance colonisatrice de notre pays. L'histoire saura un jour leur donner raison.

Ce n'est plus à eux seuls que je m'adresserai ici, mais à tous les Français ; aux incrédules comme aux convaincus, je dirai en terminant, et cet argument en faveur d'une expédition doit suffire, qu'il y va de la dignité de notre patrie de faire reconnaître par un peuple barbare des droits qu'elle a affirmés tant de fois et depuis si longtemps à la face du monde entier.

Baïonnettes, sortez du fourreau ; grondez, canons ; sonnez, fanfares et clairons !

L'honneur de la France est en jeu.

H.-PH. D'ORLÉANS.

Mayotte, 1er septembre 1894.

www.ingramcontent.com/pod-product-compliance
Lightning Source LLC
Chambersburg PA
CBHW071341030726
47594CB00002B/704